L'APOCALYPSE

CIVIL, POLITIQUE ET RELIGIEUX

DE LA VILLE

DE LYON.

PAR M. E. V. DELESGALLERY,

ANCIEN FONCTIONNAIRE PUBLIC.

CHAPITRE PREMIER.

Super flumina Babylonis illìc sedimus, et flevimus cùm recordaremur Sion.

ISR.

Nous nous sommes assis le long des fleuves de Babylone, et nous avons pleuré au souvenir de Sion.

Prix : 75 Centimes.

A LYON,

CHEZ ROUBIER, LIBRAIRE, PLACE DE BELLECOUR;
CHAMBET FILS, QUAI DES CÉLESTINS;
CHAMBET PÈRE, PLACE DES TERREAUX;
ET CHEZ LES MARCHANDS DE NOUVEAUTÉS.

1831.

On donnera successivement trois autres chapitres du même Apocalypse, et l'on fera suivre le 4me des notes devant servir à l'intelligence du texte.

LYON. — IMPRIMERIE DE J. M. BOURSY, RUE DE LA POULAILLERIE.

L'APOCALYPSE

CIVIL, POLITIQUE ET RELIGIEUX

DE LA VILLE DE LYON.

CHAPITRE PREMIER.

L'Esprit de vérité transporta, en vision, l'Esprit d'erreur sur la montagne des Miracles, qui domine Babylone de tous côtés. « Vous voyez, lui dit-il, la ville foudroyée, l'affranchie de Satan. J'ai vu la fumée de son embrasement. Le fisc la divise en cinq tribus. Toutes les nations de la terre furent les tributaires de cette cité privilégiée, au temps où les faux docteurs n'écrivaient pas sur le livre de la loi, et lorsque ses habitans gardaient la foi de leurs pères. Le souffle de la sédition et de la révolte a desséché la source de ses trésors. L'esprit de trouble et de domination divise de nouveau les cinq tribus. Dieu a fermé sur elle l'œil de sa justice, et fait gronder sur la coupable le vent des tempêtes de sa colère, parce qu'elle a lassé sa miséricorde, profané les temples du Dieu vivant, et porté, comme l'infâme Sodôme, sa main sacrilége sur la couronne et l'héritage des rois, qui leur avaient été rendus pour les sauver des fureurs et des vengeances de toutes les nations de la terre soulevées contre le royaume. Malheur à Babylone, malheur aux puissances de Satan. Le Seigneur a dit : *Arguam te et statuam contra faciem luam.* Je vous convaincrai en vous confrontant avec vous-mêmes.

L'Esprit d'erreur s'attristait pitoyablement sur le sort de Babylone lorsque, tournant ses regards vers le Nord, il vit s'élever de l'horizon un nuage blanc resplendissant comme la cîme d'une montagne que le soleil, sortant du sein du Créateur, colore de ses premiers feux, et toutes les étoiles descendre du ciel et se disperser sur le nuage; et le nuage semblait le riche manteau des rois de la terre. Il vit encore au centre du nuage un vieillard assis sur un trône couleur d'or, et à la droite du vieillard un homme debout, ceint de la ceinture des justes, et à ses côtés deux femmes, dont l'une était vêtue d'une tunique blanche comme la laine de l'agneau qui vient de naître, et l'autre couverte du voile de la veuve; et ces deux femmes tenaient chacune un enfant. Il vit sept portes du ciel s'ouvrir, et douze anges sortir par l'une des sept portes, et les douze anges poser sur la tête d'un des enfans une couronne surmontée de huit soleils. Il vit six dragons de feu sortir par les six autres portes, et l'un des dragons tenait un sceptre à sa gueule, et les cinq autres avaient sur le dos des faisceaux d'armes et de glaives de toutes les formes, et toutes les dominations célestes venaient se prosterner devant l'enfant.

L'Esprit de vérité et l'Esprit d'erreur entendirent tout-à-coup un bruit semblable à celui d'un volcan qui ouvre ses abîmes; ils virent s'avancer derrière le nuage blanc, comme poussée par un vent impétueux, une vapeur noire et épaisse comme celle qui s'échappe de la fournaise où les hommes forgent les métaux. Ils virent la vapeur noire s'avancer et se replier sur le nuage blanc, comme un serpent qui s'élance sur sa proie, et des éclairs et des tonnerres éclairer les replis enflammés de la vapeur ténébreuse; et la vapeur, dans ses changemens continuels, dessinait à leurs yeux des figures de monstres de toutes les formes, et le nombre des monstres, d'abord de deux fois six vingts et un, leur parut bientôt innombrable; et les monstres déchiraient de leurs griffes et de leurs dents le nuage blanc, comme le tigre furieux déchire la toison de l'agneau qu'il a séparé du troupeau pour le dévorer. Ils virent encore d'autres monstres agiter un étendard dégouttant du sang des hommes, et toutes les puissances de Satan aider les monstres à l'œuvre de la destruction; et il se fit alors un bruit effroyable, comme celui qui annoncera la dissolution de la terre, au jour de la justice de Dieu; et l'Esprit de vérité et l'Esprit d'erreur virent les monstres de la vapeur des enfers dévorer le nuage blanc, comme la meute de chiens affamés dévore le cerf forcé de se rendre aux chasseurs.

L'Esprit de vérité dit alors à l'Esprit d'erreur : « La toute-puissance du Fort, de celui qui fait les rois, relèvera le trône renversé de l'enfant-roi. Il environnera des dragons de sa puissance la couronne des trente-sept rois auxquels le plus beau de ses royaumes doit toutes les prospérités et toutes les gloires des huit siècles écrits dans le livre de l'éternité. »

L'Esprit de vérité et l'Esprit d'erreur virent la vapeur noire se répandre, comme les troupeaux dans les pâturages, sur les bois, les plaines et les montagnes du royaume, et la vapeur prendre la forme d'un nouveau monstre; et le monstre avait la tête d'une femme, et ses cheveux étaient de la couleur de l'airain rougi au feu; il avait le corps d'un léopard, les jambes et le poil d'un bouc et les yeux d'un aspic; ses mains semblaient les serres du vautour. Il était ceint d'une ceinture d'épées et de poignards, et sa ceinture était de couleur bleue, rouge et blanche. Il découlait de ses énormes mamelles une eau verte et fétide comme celle que suinte la plaie des lépreux, et l'eau en tombant sur la terre, la frappait aussitôt de stérilité : les épis mouraient sur leurs tiges, les fruits et les feuilles tombaient des arbres, le vent emportait comme la poussière des chemins l'herbe brûlée des prés. L'air et l'eau des fleuves et des ruisseaux étaient infectés, et le monstre tenait de sa main droite une lance surmontée de trois cents têtes humaines de tout âge et de tout sexe. Il tenait entre ses dents des lambeaux de chair humaine encore palpitans. Il était debout sur un char traîné par des tigres, et le char portait les dépouilles des rois, celles des temples de Dieu, et celles des riches et des pauvres du royaume. Ils virent encore d'autres monstres qui léchaient la lance ensanglantée et les pieds fourchus du grand monstre en hurlant comme les bêtes féroces des forêts, ce qui effraya merveilleusement l'Esprit d'erreur.

Ils descendirent la montagne des Miracles, et s'arrêtèrent sur une place de la cinquième tribu, devant un grand édifice dont les pierres, en se détachant les unes après les autres, roulaient à leurs pieds avec un fracas semblable à celui des tonnerres. L'Esprit de vérité dit à l'Esprit d'erreur : « La colère de Dieu environne Babylone; il s'est retiré d'elle, et il la livre à la puissance et aux œuvres de Satan. Les esprits de rapine, de malice et d'impiété s'emparent de la maison du Saint des Saints. Cette femme que vous en voyez sortir tout éplorée est la chaste Épouse. Voyez à travers les lambeaux qui la couvrent les stygmates dont son corps est marqué. Cet éclatant rayon de lumière qui la précède lui indique la route à suivre dans sa fuite. » Ils virent encore, sur le faîte de l'édifice, un fantôme qui, en s'agitant avec fureur, lançait de son énorme bouche, sur celle qui fuyait, des torrens de flammes mêlées à une fumée noire. « Ce fantôme, dit l'Esprit de vérité, est la femme des blasphêmes et des imprécations, c'est la grande prostituée du royaume. Les enfans de Babylone s'enivrent des poisons dont sa coupe est toujours pleine. Il sortira de cette coupe des monstres qui déchireront encore et désoleront Israël. Leurs noms ne seront inscrits sur aucun livre, et sur leurs fronts sera écrit en lettre de feu : *Esprits de troubles et de fornication.* »

L'Esprit d'erreur regardait un homme qui minait le terrain autour de l'édifice. « Cet homme, dit l'Esprit de vérité, porte à sa ceinture la clef de l'abîme. » Au même instant, ils virent le ciel comme se déchirer et une lame de feu descendre sur l'édifice, le seul de Babylone qui ne devait pas être englouti dans la colère de Dieu, et des nappes de soufre enflammé en couvrir toutes les surfaces, et les murs de l'édifice, et les pierres qui s'en étaient détachées devenir brillantes et transparentes comme du cristal, et les esprits de rapines et d'impiété fuir avec la grande prostituée, comme l'aigle furieux d'avoir manqué sa proie.

L'Esprit de vérité dit à l'Esprit d'erreur : « Il est écrit que ni Satan ni la grande prostituée ne doivent pas encore périr, et que les monstres nés de sa race participeront aux crimes et aux souillures de leur mère. Dieu le permet ainsi, malgré les murmures des justes de Babylone.

Ils quittèrent la place où ils s'étaient arrêtés, et s'approchèrent de la rive droite du fleuve qui est au bas de la montagne des Miracles. Ils virent sur les eaux du fleuve une grande barque, et la barque était sans gouvernail, et ses bandes étaient à fleur d'eau, et des hommes nus qui, à force de bras, faisaient jaillir du fond de la barque des colonnes d'eau semblables à celles que les gros poissons lancent de leurs narines quand la mer est calme; et il y avait dans la barque trois hommes qui donnaient des ordres à ceux qui travaillaient dans la barque.

Et le premier de ces hommes était tout couvert de plumes, comme les gros oiseaux qui rasent la surface des flots de la mer avant la tempête; et cet homme écrivait sur le livre des anathêmes.

Et le second tenait un glaive dont il menaçait le ciel, et il perçait inutilement de ce glaive les flots écumans du fleuve qui menaçaient d'engloutir la barque.

Et le troisième était noir comme la boue des marais, et il avait sur le visage la laideur de tous les péchés des réprouvés de Dieu et des hommes; et il avait sur la tête un énorme buisson de racines, de feuilles d'arbres et d'herbes desséchées, et au côté gauche du buisson brillait le soleil de Satan; et il tenait des deux mains un grand vase de verre rempli d'eau trouble, et il y avait dans l'eau trouble des serpens, des scorpions, des lézards, et tous les reptiles et insectes qui donnent la mort; et il criait au peuple qui était sur les deux rives, qu'il avait reçu de son maître le pouvoir de guérir les plaies du corps, et l'art diabolique de corrompre et de perdre à jamais les âmes, et de les convertir à Béelzebut; et de ses lèvres découlait la lie de tous les mensonges, de toutes les exécrations et de toutes les corruptions de la terre, et sa bouche semblait l'égout de toutes les infections de l'enfer.

Et les trois hommes consultaient des signaux qu'ils recevaient de la montagne des Miracles, et donnaient des ordres aux ouvriers qui travaillaient dans la barque, et les ouvriers leur obéissaient en balayant les eaux du fleuve, les uns pour les faire remonter, les autres pour en précipiter le courant; et les eaux du fleuve s'arrêtaient et s'amoncelaient comme des montagnes autour de la barque, et la barque et tous ceux qui étaient dans la barque disparaissaient sous les flots du fleuve; et des hommes et des paniers remplis d'or, de pierres précieuses, d'étoffes de lin fin, de laine et de soie, surnageaient sur les flots soulevés du fleuve; et beaucoup d'hommes qui étaient sur les deux rives se précipitaient dans le fleuve pour s'emparer des richesses de Babylone, qui flottaient sur les eaux, et ils périssaient tous; et ceux qui ne s'étaient pas précipités dans le fleuve blasphémaient contre le ciel, contre les eaux du fleuve et contre ceux qui conduisaient la barque; et deux des hommes qui conduisaient la barque regagnèrent la rive droite du fleuve, malgré les efforts et la fureur du peuple, qui les en repoussait et leur jetait des pierres; et l'un des deux hommes souleva les hautes puissances du mal contre le troisième, qui avait aussi échappé au naufrage de la barque, et il demanda aux puissances du mal d'attribuer à lui seul le pouvoir de nuire aux hommes et de semer seul dans le champ des iniquités; et les hautes puissances du mal retirèrent au troisième homme le pouvoir de ravager la maison du Seigneur, de forcer la demeure des justes, et de sonder les cœurs et le secret des cœurs; et il sortit de la ville poursuivi par les malédictions de tout le peuple de Babylone.

L'Esprit d'erreur et l'Esprit de vérité entendirent comme le bruit que font les chevaux des cavaliers de guerre; ils virent arriver, du côté du Nord, un char, et il y avait un homme sur le char, et cet homme montrait au peuple un grand livre et la parure de la grande prostituée; et il criait au peuple qu'il n'avait jamais, sous le règne de la justice et de la gloire, ni servi ni trahi ni l'enfer ni le ciel, ce qui réjouissait merveilleusement le peuple; et le peuple, oisif et exténué de faim, suivait le char, et le char passa sur des voûtes suspendues sur le fleuve; et un prodige qui apparut subitement dans le ciel arrêta le peuple qui suivait le char; et il se fit un frémissement dans les airs, et le soleil, la lune, les étoiles, et toutes les autres planètes inconnues aux hommes, brillaient au milieu du jour au firmament, et trois mille six cents de ces astres tournaient avec un grand bruit autour du soleil en se rapprochant de son centre, jusqu'à ce qu'il parut le plus petit des astres; et le centre du soleil semblait un disque d'or, et il y avait au centre du disque le nombre V, et les effets d'oppositions de lumière des différens astres répandaient sur la terre une clarté ténébreuse, et traçaient tantôt les sillons que fait la charrue du laboureur, tantôt des degrés à monter ou à descendre, tantôt des fossés à franchir; et ceux qui marchaient, croyant avoir à monter ou à descendre, tombaient ou trébuchaient à chaque pas sur un terrain uni, et ceux qui croyaient avoir un fossé à franchir heurtaient ou renversaient, en s'élançant, celui qui s'élançait devant lui en sens contraire, et ceux qui trébuchaient et qui étaient meurtris ou renversés, poussaient des cris de blasphêmes, comme les hommes blessés et expirans dans le champ où la guerre a passé.

L'Esprit de vérité et l'Esprit d'erreur, qui s'étaient arrêtés, continuèrent à marcher lorsque la lumière du soleil succéda à la clarté trompeuse.

Ils arrivèrent sur une place de la deuxième tribu. L'Esprit de vérité dit à l'Esprit d'erreur : « Vous voyez la plus belle place des royaumes de la terre. La grande prostituée la transforma jadis en un champ de ruines. Les Amalécites, les Jacobites et les Nicolaïtes iconoclastes renversèrent les magnifiques monumens qui l'entouraient. Ses plus beaux édifices tombèrent, ainsi que l'image que vous voyez au centre, sous les lois, les haches et les marteaux des régénérateurs des peuples qu'ils exterminaient. Celui dont vous voyez l'image, relevée depuis peu, est le grand roi qui a ajouté l'étoile la plus brillante à la couronne de huit siècles de miracles et de gloire, celui qui ceignit l'épée victorieuse du Dieu des armées, celui qui fit trembler et qui soumit les guerriers étrangers, celui qui éclaira les royaumes de la terre de la lumière des lumières qu'il avait lui-même reçue d'en-haut, celui enfin à qui le Maître de la science avait remis la clé de la science.

» Le peuple de Babylone a redemandé son image, et Dieu a exaucé de si pieux et de si justes vœux; mais la grande prostituée et ses infames adorateurs en ont frémi de rage; ils viennent d'ajouter l'énormité d'un nouveau crime à l'énormité de celui de leurs pères, en effaçant les lignes qui attestaient leurs forfaits et ceux de la grande prostituée (1); et, dans leur stupide ambition et dans leur insatiable vengeance, ils ont essayé de déshériter l'honneur et de punir jusqu'à la gloire. Mais la colère de Dieu les engloutira dans l'abîme de ses vengeances, et les triomphes de sa puissance et de sa justice se répandront sur eux comme un torrent (2), car Dieu est juste, et ses jugemens sont équitables. »

L'Esprit de vérité et l'Esprit d'erreur entrèrent dans une rue de la même tribu qui regarde l'image du grand

---

(1) *Iniquis temporibus.* Dans des temps mauvais.

(2) *Justus es, Domine, et recta judicia tua.* Ps.

roi. L'Esprit d'erreur se réjouissait admirablement en entendant crier et chanter des hommes, des femmes et des enfans. « Heureuses, dit-il à l'Esprit de vérité, heureuses les oreilles qui entendent des chants de joie et des cantiques d'actions de grâces en l'honneur du Très-Haut. Nous sommes donc dans la tribu de prédilection? — Ah! quelle est votre erreur! lui répondit douloureusement l'Esprit de vérité; vous entendez les cris et les chants de la famine, des hymnes exécrablement impies en l'honneur de la grande prostituée, des chants de mort et de carnage. Hélas! le peuple d'une ville de Lydie danse pour étourdir la faim quand elle le tourmente, celui de Babylone chante quand le même besoin le presse, ou quand la corruption descend dans ses entrailles. La faim dévore le peuple de Babylone, et les Nabals de Babylone envoient leur or aux peuples que la révolte affame! Celui qui nourrissait ses peuples a été semer le grain dans une terre étrangère, et il n'y aura de moisson qu'à son retour. »

L'Esprit de vérité et l'Esprit d'erreur virent sortir d'une voûte, comme les oiseaux de nuit de leurs repaires ténébreux, une troupe d'hommes courant et prenant un chemin différent, et ces hommes portaient des paquets de feuilles de palmier blanchies au soleil, et ces feuilles étaient couvertes de signes noirs; et l'un de ces hommes heurta brusquement l'Esprit d'erreur, qui dit à l'Esprit de vérité: « Ces hommes sont sans doute chargés des affaires les plus importantes et les plus pressées de Babylone? — Ce sont, lui répondit l'Esprit de vérité, les messagers des intelligences de la grande prostituée; ces paquets, qu'ils portent à ses adorateurs, contiennent les poisons du mensonge, de l'impiété et de l'impudicité; c'est le premier aliment qu'elle leur offre, à prix d'argent, chaque matin.

Ceux qui mangent des fruits de la grande prostituée, mangent le fruit du mépris de Dieu et des puissances légitimes de la terre, et ceux qui boivent dans sa coupe, boivent le vin des malédictions et des exécrations. Ceux qui versent le vin dans la coupe de la grande prostituée sortiront de la ville pour se rafraîchir un jour où le soleil brûlera la terre; ils se reposeront dans un champ voisin de la ville, et s'y endormiront; et il croîtra subitement autour d'eux une forêt d'arbres épineux dont l'épaisseur sera impénétrable à la lumière du ciel. Ils vivront quatre fois trente-quatre heures dans les ténèbres, et les branches épineuses, dans leur croissance rapide, soulèveront et perceront leurs corps, et ils mourront suspendus, et les oiseaux de proie les dévoreront et mourront empoisonnés ; et le peuple de Babylone verra leur supplice, et il s'en réjouira. »

L'Esprit de vérité et l'Esprit d'erreur arrivèrent sur une place qui dépend de la deuxième, troisième et quatrième tribu; ils virent un grand bâtiment, semblable à ceux qui sont construits pour se défendre de l'ennemi que l'on craint ou que l'on attend, et le bâtiment était flanqué de deux ailes, hautes seulement de dix coudées, et celui qui était arrivé sur le char avec un grand livre et la parure de la grande prostituée était sur une des ailes du bâtiment, et il avait le signe de la puissance, et il était entouré des intelligences supérieures de Babylone, et il y avait à sa droite une montagne de sable, et sur la montagne de sable une grande statue qu'il montrait au peuple rassemblé sur la place; et la grande statue était couverte d'un manteau d'or et de pourpre, et elle avait sur le front un bandeau taché de boue, et sous ses pieds les vases, les croix d'or des temples et les ornemens d'un pontife, et les ténèbres étaient cachées dans ses yeux. Et tandis qu'une des intelligences supérieures détachait du manteau d'or et de pourpre de la statue les fleurs qui y brillaient depuis quatorze siècles, il tomba des plis du manteau trois petits glaives, et l'un des glaives était couvert de la rouille du temps, et les deux autres étaient encore mouillés d'un sang nouvellement répandu. Et l'homme de la puissance ouvrit la bouche de la statue, et il sortit de sa bouche le bruit des blasphêmes contre les choses saintes, et des outrages contre les siens. Et l'homme de la puissance mit une grande épée dans la main droite de la statue, et le bras de la statue se détacha du corps et disparut en s'enfonçant dans le sable. Et l'homme de la puissance voulut mettre un sceptre brisé dans la main gauche de la statue, et le sceptre brisé s'échappa comme un trait de feu de la main de l'homme de la puissance, et monta dans les airs avec la rapidité de la flèche que pousse la corde de l'arc tendu; et le soleil s'ouvrit, et le sceptre brisé se précipita dans les demeures éternellement embrasées du soleil, et le sceptre lançait, par intervalle, sur la terre une pluie d'étincelles, comme celles qui s'échappent du fer ou de l'acier sous les coups du marteau des forgerons; et le sceptre paraissait plus brillant que le soleil, et le peuple fit retentir la place de cris d'effroi et d'admiration.

Et l'homme de la puissance montra au peuple le grand livre qu'il avait apporté, et sur la couverture du grand livre était écrit en grandes lettres : *Livre des promesses*. Et il ouvrit le grand livre, et le peuple attentif lut sur la première page le mot *liberté*; et un centenier amena captifs et chargés de chaînes deux hommes, dont l'un refusait de croire aux promesses du grand livre, parce que, disait-il, *ils se sont affermis dans l'habitude d'un langage menteur et pervers* (1); et l'autre, parce qu'il ne voulait pas être soldat, payant, criait-il, des soldats pour défendre et garder lui, sa femme, ses enfans et ses biens, et qu'il ne voulait pas obéir à cent nouveaux maîtres dans les supériorités soldatesques créées de la veille; et l'homme de la puissance déchira la première page du grand livre des promesses, et la brûla dans un brasier qui était près de lui. Et le peuple lut sur la deuxième page du grand livre des promesses : *travail*, *joies*, *abondance*. Et le peuple affamé, oisif et couvert des lambeaux de la misère, demandait, en hurlant, du travail et du pain; et l'homme de la puissance déchira la deuxième page du livre des promesses et la brûla. Et le peuple lut sur la troisième page du livre des promesses : *Paix avec toutes les nations de la terre*. Et au même instant le peuple vit passer cent chariots de guerre, et dix autres chariots chargés d'or pour acheter la paix; et l'homme de la puissance déchira la troisième page du grand livre des promesses et la brûla. Et le peuple lut sur la quatrième page du grand livre des promesses : *Protection au culte du vrai Dieu et aux vrais croyans;* et des hommes apportaient à l'homme de la puissance les ornemens de l'intérieur des temples, des débris de croix, et les clés des temples fermés; et l'homme de la puissance déchira la quatrième page du grand livre des promesses et la brûla. Et le peuple lut sur la cinquième page du grand livre des promesses : *Abaissement du fisc ;* et la cinquième page du fisc était toute couverte des signes du fisc, et le peuple vit que le fisc était doublé; et les hommes du fisc saisissaient et emportaient les lits et les meubles de ceux qui ne pouvaient pas payer le fisc doublé. Et

(1) *Firmaverunt sibi sermonem nequam*. Ps. 35.

l'homme de la puissance ne déchira pas la page du fisc doublé et ne la brûla pas. Et les morceaux des pages brûlées, en s'élevant enflammés dans les airs, entraient par les fenêtres des maisons, et brûlaient les machines à tisser la soie, la laine et le coton; et il y eut de grandes ruines et de grandes désolations.

L'Esprit de vérité dit à l'Esprit d'erreur : « Toutes les voix des hommes se sont déjà fait entendre, les pierres même ont aussi crié. La Providence sait mieux que nous ce qu'elle doit permettre ou arrêter (1). Le Seigneur nous a sévèrement châtiés, mais il n'a pas voulu nous livrer à la mort (2). Les méchans seront surpris par une ruine imprévue (3), et les ambitieux vomiront les richesses qu'ils auront dévorées (4), et la fumée des tourmens des impies s'élèvera dans les siècles des siècles (5). Elie doit venir, il rétablira toutes choses, et il remplira le royaume des délices et des biens de sa maison. »

---

(1) *Castigans castigavit me Dominus, et morti non tradidit me.* Ps.
(2) Matth. (3) Job. (4) S. Jean. (5) Matth.

FIN DU CHAPITRE PREMIER.

www.ingramcontent.com/pod-product-compliance
Lightning Source LLC
LaVergne TN
LVHW052040160826
845678LV00003B/1454

9782329629933